Zona de construcción

Los buldóceres

por Rebecca Pettiford

Ideas para padres y maestros

Bullfrog Books permite a los niños practicar la lectura de textos informativos desde el nivel principiante. Las repeticiones, palabras conocidas y descripciones en las imágenes ayudan a los lectores principiantes.

Antes de leer

- Hablen acerca de las fotografías. ¿Qué representan para ellos?

- Consulten juntos el glosario de las fotografías. Lean las palabras y hablen de ellas.

Durante la lectura

- Hojeen el libro y observen las fotografías. Deje que el niño haga preguntas. Muestre las descripciones en las imágenes.

- Léale el libro al niño o deje que él o ella lo lea independientemente.

Después de leer

- Anime al niño para que piense más. Pregúntele: Los buldóceres son máquinas grandes. Empujan y cavan. ¿Puedes nombrar otras máquinas grandes que hacen esto?

Bullfrog Books are published by Jump!
5357 Penn Avenue South
Minneapolis, MN 55419
www.jumplibrary.com

Library of Congress Cataloging-in-Publication Data

Names: Pettiford, Rebecca, author.
Title: Los buldóceres / por Rebecca Pettiford.
Other titles: Bulldozers. Spanish
Description: Minneapolis, MN: Jump!, Inc., [2023]
Series: Zona de construcción
Translation of: Bulldozers. | Audience: Ages 5–8
Identifiers: LCCN 2022009094 (print)
LCCN 2022009095 (ebook)
ISBN 9781636909875 (hardcover)
ISBN 9781636909882 (paperback)
ISBN 9781636909899 (ebook)
Subjects: LCSH: Bulldozers—Juvenile literature.
Earthwork—Juvenile literature.
Classification: LCC TA735 .P46318 2023 (print)
LCC TA735 (ebook)
DDC 629.225—dc23/eng/20220308

Editor: Jenna Gleisner
Designer: Michelle Sonnek
Content Consultant: Ryan Bauer
Translator: Annette Granat

Photo Credits: kamski/Can Stock Photo, cover; Westermak/Shutterstock, 1; Vladimir Sazonov/ Shutterstock, 3; VanderWolf Images/Shutterstock, 4; smereka/Shutterstock, 5; Editor77/Dreamstime, 6–7; Dan Leeth/Alamy, 8–9, 23tm; Praphan Jampala/Shutterstock, 10–11, 23tr; Dmitry Kalinovsky/Shutterstock, 12, 23br; Jozef _ Culak/ Shutterstock, 13; Juan Enrique del Barrio/ Shutterstock, 14–15, 16–17, 23bl, 23bm; Aleksandar Blanusa/Shutterstock, 18; Mr Twister/Shutterstock, 19, 23tl; dnaveh/iStock, 20–21; Lampochka/iStock, 22; Art Konovalov/Shutterstock, 24.

Printed in the United States of America at Corporate Graphics in North Mankato, Minnesota.

Tabla de contenido

Un gran empujón

Los buldóceres son
máquinas grandes.

Estas máquinas empujan cosas.

Aquí se construirá un parque.

Un buldócer ayuda.

Este prepara la tierra.

Catia maneja el buldócer.
Ella se sienta en la cabina.

cabina

cadena de
oruga

El buldócer se mueve sobre cadenas de oruga.

Ellas ruedan.

Catia baja el escarvador.

Este se parece a una garra.

escarvador

12

Él rompe la tierra.

cuchilla

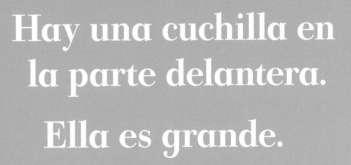

Hay una cuchilla en la parte delantera.

Ella es grande.

La cuchilla empuja rocas.

Ella limpia la tierra.

Ella despeja la tierra.

Ella empuja la tierra.

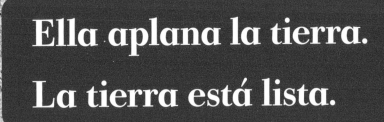

Ella aplana la tierra.

La tierra está lista.

El parque está terminado.
¡El buldócer ayudó!

Las partes de un buldócer

¿Cuáles son las partes de un buldócer? ¡Échales un vistazo!

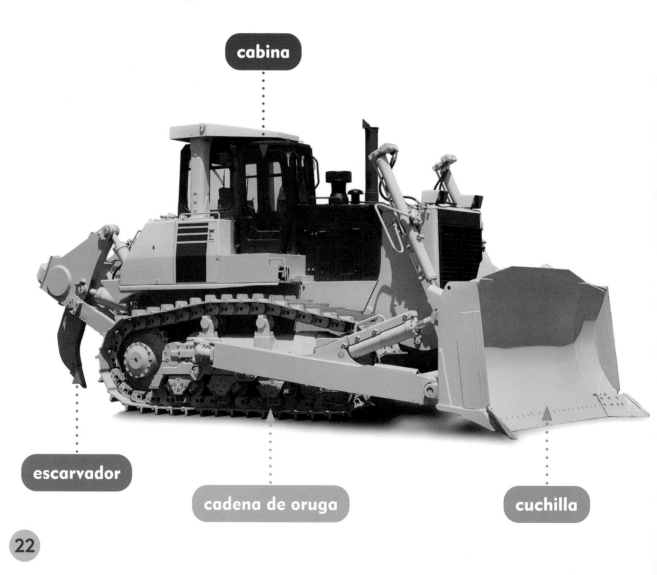

cabina

escarvador

cadena de oruga

cuchilla

Glosario de fotografías

aplana
Vuelve algo plano y al mismo nivel.

cabina
El área en una máquina grande donde la conductora se sienta.

cadenas de oruga
Las correas de acero en un buldócer que mueven la máquina.

cuchilla
La parte grande y pesada de un buldócer que empuja cosas.

despeja
Saca cosas que están cubriendo o bloqueando un espacio.

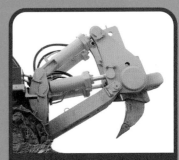

escarvador
La parte de un buldócer que rompe la tierra.

Índice

Para aprender más

FACT SURFER

Aprender más es tan fácil como contar de 1 a 3.

❶ Visita www.factsurfer.com

❷ Escribe "losbuldóceres" en la caja de búsqueda.

❸ Elige tu libro para ver una lista de sitios web.